Das Tajine Kochbuch für Anfänger

Würzige Fisch-, Fleisch- und Veggie Gerichte nach marokkanischer Tradition

Inklusive Nachtischrezepte

1. Auflage

WirmachenDruck.de
Sie sparen, wir drucken!

Vorwort - Ein Traum aus 1000 und einer Nacht

Sie wollen öfter gesund und frisch essen und dabei trotzdem nicht auf leckere Mahlzeiten verzichten? Mit der Tajine ist das sehr gut möglich! Bei der Tajine handelt es sich um nichts anderes, als um einen marokkanischen Schmortopf, der in Nordafrika vor allem für traditionelle marokkanische Rezepte genutzt wird. Wer schon mal in Casablanca oder Marrakesch Urlaub gemacht hat, hat diesen Kochtopf mit großer Wahrscheinlichkeit schon einmal gesehen. Kombiniert werden die Gerichte meistens mit vielen Gewürzen, um den Speisen einen besonderen Geschmack zu geben. Beilagen wie Fladenbrot lassen sich ebenfalls problemlos in der Tajine zubereiten. Zudem sieht die Tajine auch optisch sehr gut aus und ist sehr gerne auf Partys oder Grillabenden gerne gesehen. Neben leckeren Hauptspeisen und Broten, lassen sich auch eine Reihe von Süßspeisen in der Tajine zubereiten. Die passenden Rezepte finden Sie hierfür am Ende unseres Buches.

Traditionell wird die Tajine aus Lehm angefertigt. In vielen Onlineshops findet man vor allem Tajines aus Keramik, da diese für den Alltag in unserer Welt viel praktischer sind. Der Deckel von der Tajine hat eine konische Form. Hier wird vor dem eigentlichen Kochgang Wasser hineingegossen. Die Vorbehandlung ist besonders wichtig, wenn die Tajine aus Keramik oder Ton besteht. Deswegen ist es wichtig, dass man die Tajine vor der ersten Nutzung für ca. 2 Stunden wässert. Im Anschluss muss man seiner Tajine noch eine ordentliche Antihaftbeschichtung verpassen. Hierfür müssen Sie einfach nur Zwiebeln gemeinsam mit Kräutern und Gewürzen mit Öl anbraten. Wichtig ist, dass Sie die Zutaten solange braten lassen, bis auf dem Boden eine dunkle Schicht entsteht. Auf diese Weise schließen die Poren von der Tajine und der Schmortopf wird mit einer natürlichen Schutzschicht versehen. Das kann einem beim ersten Mal ein wenig Zeit und Arbeit abverlangen, aber ist unabdingbar für den authentischen Geschmack der Speisen im Nachhinein.

Der Garprozess mit der Tajine ist immer gleich, egal aus welchem

Material der Schmortopf besteht. Die Hitzequelle befindet sich nämlich unter der Tajine. Hierbei kann man auf ein Gas-, Elektro oder Induktionsherd zurückgreifen. Wer will, kann sogar ein offenes Feuer nutzen, um seine Speisen zuzubereiten. Deswegen greifen auch gerne Camper auf diesen marokkanischen Schmortopf zurück. Die Wärme kann schon nach geraumer Zeit in die Tajine aufsteigen. Danach bildet sich Wasserdampf innerhalb der Tajine.

An der Spitze des Deckels befindet sich eine sogenannte Dampfsperre. Diese Dampfsperre sorgt bei der Zubereitung der Speisen dafür, dass der Dampf genau an diesem Punkt kondensieren und in den Behälter zurücktropfen kann. Auf diesem Weg wird der Garkreislauf natürlich aufrechterhalten. Die Speisen garen auch indirekt in diesem Kreislauf, was je nach Speise ein wenig Zeit in Anspruch nehmen kann. Auf diese Weise lassen sich die marokkanische Gewürze sehr gut verteilen, die dann ihr authentisches Aroma verteilen können.

Nachdem man seine erste Speise in der Tajine zubereitet hat, stellt sich natürlich die Frage wie man den Schmortopf wieder reinigen kann. Im Grunde ist das Reinigungsprinzip recht einfach gehalten. Wichtig ist, dass man die Tajine nicht mit aggressiven chemischen Mitteln reinigt, da ansonsten die Schutzschicht verloren gehen kann. Von normalen Spülmitteln würden wir ebenfalls abraten, da diese die Schutzschicht der Tajine ebenfalls zerstören könnten. Am schonendsten und einfachsten funktioniert die Reinigung mit einer Bürste und klarem Wasser. Wenn Sie Ihre Tajine ab und an gründlicher reinigen wollen, können Sie etwas frischen Zitronensaft und Essig verwenden. Wichtig ist, aber dass Sie niemals chemische Zusätzliche benutzen, da Sie ansonsten Gefahr laufen die Schutzschicht oder den gesamten Schmortopf zu zerstören.

In diesem Kochbuch finden Sie eine große Auswahl an vielfältigen Tajine-Gerichten. Darunter Vor- und Nachspeisen, Fleisch-, Fisch- und Veggie Rezepte. Probieren Sie auch ruhig Rezepte aus, die Ihnen noch unbekannt erscheinen. Oftmals entwickeln sich genau diese unbekannten Rezepte zu unseren Lieblingsrezepten. Beim Nachkochen und Austesten wünschen wir viel Spaß und Erfolg!

DAS TAJINE KOCHBUCH FÜR ANFÄNGER REZEPTÜBERSICHT

Vorspeisen aus der Tajine

Fladenbrot

Zubereitungszeit: 25 Minuten

Schwierigkeitsgrad: Mittel

Zutaten für 1-2 Personen:

100g Dinkel, 10g Hefe, 100 g Weizen, etwas Salz, etwas Wasser, ein bisschen Sonnenblumenöl

Zubereitung:

1. Fladenbrot gehört zu einen der besten Beilagen in der arabischen Küche. Fladenbrot kann man so gut wie mit jeder Mahlzeit zu jeder Tageszeit zu sich nehmen. Für das Rezept müssen Sie das Mehl mit dem Salz vermengen.

2. Machen Sie eine Grube und bröckeln Sie nun schrittweise Hefe hinein. Nun mit etwas warmen Wasser begießen. Danach für eine kurze Zeit gehen lassen.

3. Nun etwas Öl hinzugeben. Im nächsten Schritt so viel Wasser hineingießen bis ein geschmeidiger Teig entsteht.

4. Als Nächstes können Sie bereits Ihre Tajine mit etwas Öl bestreichen. Die Tajine nun auf mittlerer Hitze aufheizen. Aus dem Teig können Sie nun einen Fladen formen. Achten Sie aber darauf, dass der Teig nicht größer ist, als die Tajine selbst.

5. Das Fladenstück nun in die Tajine geben. Nun etwas Mehl bestreuen. Nach 10 bis 15 Minuten können Sie den Fladen aus der Tajine herausnehmen und etwas Öl wieder hineingießen. Nun den Fladen für 10 Minuten auf der umgekehrten Seite in die Tajine geben.

Meeresfrüchte auf marokkanische Art

Zubereitungszeit: 30 Minuten

Schwierigkeitsgrad: Mittel

Zutaten für 1-2 Personen:
etwas Salz, etwas Pfeffer, 150 g Meeresfrüchte nach Wahl (am besten aus dem arabischen Supermarkt), ein bisschen Paprikapulver, 1 El Olivenöl, 150 g Tomaten, 10 g Koriandergrün, ½ El Tomatenmark, 17 g Petersilie, eine halbe Knoblauchzehe, ½ Lorbeerblatt, ein bisschen Harissa (bekommt man im arabischen Supermarkt)

Zubereitung:

1. Für dieses Rezept müssen Sie die Zutaten erstmal ein wenig vorbereiten. Halbieren Sie die Tomaten und entfernen sie alle Kerne. Nun die Tomate an einer Reibe abreiben und die Haut von ihr entfernen.

2. Nun ein bisschen Olivenöl auf der Tajine verteilen. Sobald das Öl ein bisschen heiß ist, können sie bereits die geriebenen Tomaten auf der Tajine verteilen. Im nächsten Schritt das Lorbeerblatt in die Tajine geben. Die Zutaten können auch nach Lust und Laune gewürzt werden.

3. Nun die Paprika zerkleinern und ebenfalls in die Soße geben. Gut würzen und salzen. Nun Harissa unterrühren. Die Hitze ein bisschen reduzieren und die Soße kochen lassen. Zwischendurch die Soße immer wieder umrühren.

4. Bereits nach 15 Minuten können Sie den Tomatenmark zu der Soße geben. Danach die Soße für weitere 10 Minuten köcheln lassen.

5. Im nächsten Schritt kommen die Meeresfrüchte dazu. Sobald die Soße dick geworden ist, können Sie die Meeresfrüchte in die Tajine geben. Die Meeresfrüchte für 8 Minuten köcheln lassen und die Vorspeise servieren.

Rübezahlbrot

Zubereitungszeit: 2-3 Stunden

Schwierigkeitsgrad: Mittel

Zutaten für die Grundlage:
etwas Salz, etwas Pfeffer, 2 El Walnussöl, etwas Zimt, 200 ml Lapacho-Tee (bekommen Sie im arabischen Supermarkt), 200 ml Vollmilchjoghurt (am besten in Vanillerichtung), 1 El Zitronensaft, 1 Packung Trockenhefe, 1 Vanilleschote,4 Nelken, 1/2 Sternanis, ein bisschen Muskatnuss

Weitere Zutaten:
200 g Körnermischung, 20 g Hanfsamen

Außerdem brauchen Sie noch:
400 g Dinkelmehl, 40 g Haferklei

Zutaten für den Teig:
90 g geriebene Mohrrüben, 90 g Schokostreusel, 40 g gehackte Trockenfrüchte , 40 g Rosinen, 40 g gehackte Mandeln, 40 g gehackte Haselnüsse, 40 g Sonnenblumenkerne, 30 g Sesamsaat, 20 g Sesamsaat

Zubereitung:
1. Für dieses leckere Brot, müssen Sie die Zutaten für die Grundlage miteinander verkneten. Die Körnermischung und die Hanfmischung zu den restlichen Zutaten vermengen. Dinkelmehl und Haferklei untermischen und den Teig für 2 Stunde an einem warmen Ort ziehen lassen.

2. Die Zutaten bis auf die 20 g Sesamsaat unter den Teig kneten und das Brot formen. Backpapier auf der Tajine auslegen. Den restlichen Sesamsaat auf der Oberfläche von dem Brot verteilen. Nun auf die Tajine geben. Bei 50 Grad im Backofen für 90 Minuten schmoren lassen.

3. Im Anschluss das Brot für 1 Stunde bei 200 Grad backen lassen. Dieses Brot lässt sich am besten mit Honig servieren.

Fleischgerichte aus der Tajine

Dattelfleisch aus der Tajine

Zubereitungszeit: 50 Minuten

Schwierigkeitsgrad: Einfach

Zutaten für 1 Person:

Salz, Pfeffer, 300 g Fleisch nach Wahl, 30 g Butter, etwas Zimt, ein bisschen Safranpulver, 1 El Sesamsaat, 20 g Datteln, 2 El Honig, eine kleine Zimtstange, 30 g Mandeln, 1 Zwiebel, ein bisschen Butter, ein bisschen Öl

Zubereitung:

1. Safran können Sie im persischen Supermarkt erwerben. Wir empfehlen jedoch besonders sparsam mit Safran umzugehen, da es sprichwörtlich das teuerste Gewürz der Welt ist. Zudem empfehlen für dieses Rezept gehobelte Mandeln zu verwenden. Beginnen Sie damit das Fleisch in Stücke zu schneiden. Lassen Sie die Butter direkt am Anfang in der Tajine zergehen.

2. Das Fleisch von beiden Seiten kräftig würzen und in die Tajine geben. Nun etwas Wasser darüber geben. Die kleine Zimtstange hinzugeben. Nun das Fleisch in der Tajine für ca. 40 Minuten schmoren lassen.

3. In dieser Zeit können Sie schonmal die Datteln waschen und zusammen mit dem Honig und dem Zimt in der Tajine vermengen. Dann nochmal für 5 Minuten schmoren lassen.

4. Das Sesamsaat in einer Pfanne ohne Öl anrösten. Die Mandeln mit ein bisschen Öl braun rösten. Die Mandeln und das Sesamsaat am Ende mit dem Fleisch servieren.

Lammkeule aus der Tajine

Zubereitungszeit: 60 Minuten

Schwierigkeitsgrad: Einfach

Zutaten für 1 Person:

300g Lammkeule, Pfeffer, Salz, 200 g Bohnen, 1 Tomate, 1 Zwiebel, ⅓ Glas trockener Rotwein, ein bisschen Kreuzkümmel, 2 El Olivenöl, 2 Knoblauchzehe

Zubereitung:

1. Sie beginnen damit das Olivenöl in Ihrer Tajine auszubreiten. Die Tomaten zerkleinern und mit der Zitrone und der Lammkeule in die Tajine geben.

2. Die Gewürze über die Zutaten streuen.

3. Die Lammkeule bei hoher Hitze von beiden Seiten schmoren lassen.

4. Die Bohnen putzen und zusammen mit dem Rotwein und dem Knoblauch in der Tajine für 40 Minuten schmoren lassen.

5. Lammkeule servieren.

Orientalisches Hackfleisch aus der Tajine

Zubereitungszeit: 35 Minuten

Schwierigkeitsgrad: Einfach

Zutaten für 1 Person:

200 g Hackfleisch, Pfeffer, Salz, ein bisschen Paprikapulver, ½ Zwiebel, 1 Tomate, ½ Paprikaschote, 50 ml Sahne, 20 g Butter, 2 Knoblauchzehen, eine halbe Zitrone, ein bisschen Petersilie, ein wenig Majoran, ein wenig Ingwer, 1 Ei

Zubereitung:

1. Beginnen Sie damit den Knoblauch fein zu hacken. Hackfleisch gemeinsam mit dem Knoblauch zu gleich großen Bällchen formen. Lassen Sie die Butter in der Tajine zergehen. Die Zwiebel fein hacken. Fleischbällchen mit den Zwiebeln in der Tajine bei offenem Deckel für 5 Minuten dünsten lassen. Gewürze darüber streuen.

2. Während dessen Paprika und Tomaten klein schneiden. Zusammen mit dem Zitronensaft zu der Tajine geben. Den Deckel auf der Tajine drauf geben und für 20 Minuten weiter schmoren lassen.

3. Das Ei aufschlagen und mit der Sahne verquirlen. Am Ende der Garzeit diese Soße über den Zutaten in der Tajine verteilen. Mit Petersilie bestreuen und vor dem Servieren nochmal für 5 Minuten schmoren lassen.

Hähnchen auf marokkanische Art

Zubereitungszeit: 70 Minuten

Schwierigkeitsgrad: Mittel

Zutaten für 1 Person:

⅓ Hähnchen, Pfeffer, Salz, Paprikapulver, 1 Zwiebel, ¼ Korianderbund, ¼ Bund Petersilie, 1 Tl Kreuzkümmel, 2 El Olivenöl, 2 Knoblauchzehen, 5 Safranfäden, 120 ml Wasser, 10 Oliven, etwas Zitrone

Zubereitung:

1. Vor der eigentlichen Zubereitung müssen Sie Ihre Tajine für 10 Minuten wässern. Das Hähnchen putzen und gut abtropfen lassen. Knoblauch mit den Zwiebeln fein hacken. Olivenöl in der Tajine ausbreiten. Zwiebeln und Knoblauch in der Tajine andünsten lassen.

2. Die gesamten Gewürze mit dem Safran in die Tajine geben und im Anschluss mit Wasser ablöschen. Koriander und Petersilie fein hacken und beide Zutaten mit den restlichen Zutaten in der Tajine unterrühren. Nun das Hähnchen in die Tajine geben. Den Deckel darauf geben und für 45 Minuten schmoren lassen.

3. Hin und wieder die Flüssigkeit in der Tajine überprüfen. 15 Minuten vor Ende der Garzeit die Oliven und die Zitronenstücke in die Tajine geben. Wer will kann in diesem Rezept das Wasser auch mit Weißwein ersetzen.

4. Gericht anrichten. Als Beilage eignet sich Fladenbrot besonders gut.

Hühnchen mit Kartoffeln aus der Tajine

Zubereitungszeit: Einfach

Schwierigkeitsgrad: 20 Minuten

Zutaten für 1 Person:

Pfeffer, Salz, 250 g Hühnchenfleisch, 200 g Kartoffeln, 1 Tl rotes Piment, Safranfäden, ein bisschen Ingwer, etwas Cumin, 1 Knoblauchzehe, 200 g Zwiebeln, ein bisschen Koriander, ein bisschen Petersilie, scharfe Peperoni

Zubereitung:

1. Die Petersilie und den Koriander fein hacken und zur Seite stellen. Die Kartoffel putzen und in Stücke schneiden.

2. Knoblauchzehen fein hacken. Die Zwiebeln in der Mitte fein hacken. Olivenöl in der Tajine ausbreiten. Knoblauch und Zwiebeln in der Tajine andünsten.

3. Peperoni ebenfalls in der Tajine verteilen. Die Kartoffeln mit dem Koriander und den Petersilien kurz vor der Garzeit in die Tajine geben. Die Gewürzmischung darauf verteilen.

4. Gericht servieren.

Fleischgericht mit Artischocken

Zubereitungszeit: 40 Minuten

Schwierigkeitsgrad: Einfach

Zutaten für 1 Person:

Pfeffer, Salz, etwas Petersilien, etwas Koriander, 150 g frische Bohnen, 200 g Hammelfleisch, 1 Zwiebel, 2 El Olivenöl, 1-2 große Artischocken, 1 Tl Ingwer, ½ Tasse Wasser, 2 Safranfäden

Zubereitung:

1. Die beiden Safranfäden in einen Teller mit Wasser geben und einweichen lassen. Vermischen Sie den Ingwer mit dem Pfeffer. Das Öl mit dem Salz und Pfeffer vermengen. Die Zwiebeln schälen und im Anschluss in Spalten schneiden. Die Ölmischung nun in der Tajine verteilen.

2. Nun die Zwiebeln darin andünsten. Nach und nach das Wasser in die Tajine geben. Die Zutaten nun zu einer dickflüssigen Soße verrühren. Das Fleisch in die Safranlösung geben und immer wieder wenden. Danach in die Tajine geben und würzen.

3. Ingwer mit Pfeffer und anderen Gewürzen vermengen. Diese Würzmischung über das Fleisch verteilen. Bei großer Hitze schmoren lassen.

4. Nach 30 Minuten die Bohnen und die Artischocken in die Tajine geben. Nun die Kräuter darüber streuen. Nun für 30 Minuten weiter köcheln lassen. Gericht servieren.

Leckeres Rindfleisch mit Mandeln aus der Tajine

Zubereitungszeit: 65 Minuten

Schwierigkeitsgrad: Einfach

Zutaten für :

ein bisschen Salz, ein bisschen Pfeffer, ein bisschen Harissa (bekommt man aus dem arabischen Supermarkt), 400 g Rinderschulter, 2 El Olivenöl, 400 g Backpflaumen, etwas Zimt, 1 cm Ingwer, 2 El Zucker, 4 El Butterschmalz, 1 kleine Stange Zimt, 200 g Mandeln, ein kleines bisschen Safran, eine halbe Zitronenschale,2 Zwiebeln

Zubereitung:

1. Wir empfehlen für dieses besondere Rezept geschälte Mandeln zu verwenden, da dies für das Aroma wichtig ist. Notfalls können aber auch normale Mandeln verwendet werden. Sie beginnen damit die beiden Zwiebeln zu schälen und im Anschluss mit einem Küchenmesser klein zu hacken.

2. Olivenöl mit dem Zwiebelwürfeln vermengen. Mit Pfeffer und Salz abschmecken. Ein wenig Safran und Zimt unterrühren. Das Rindfleisch können Sie bereits in gleich große Würfel schneiden. Die Marinade dann über dem Rindfleisch verteilen und gut einziehen lassen.

3. Nun können Sie ein bisschen von dem Butterschmalz in die Tajine geben. Erhitzen Sie Ihre Tajine leicht. Nun können Sie das marinierte Fleisch in die Tajine geben. Geben Sie ein bisschen Wasser hinzu und decken Sie Ihre Tajine zu.

4. Das Fleisch nun für 40 Minuten schmoren lassen. Das Fleisch sollte im Grunde solange schmoren bis es gar ist.

5. Über den Backpflaumen können Sie nun etwas brühendes Wasser geben. Die Pflaumen nun für mindestens 15 Minuten ziehen lassen. Nun in einen Sieb geben und die Pflaumen gut abtropfen lassen. Geben Sie ein wenig von der Brühe, die sich in der Tajine befindet in eine Schüssel. Schütteln Sie die Hälfte von dem Zucker und die halbe Zitronenschale hinzu. Die Zimtstange ebenfalls dazugeben.

6. Als Nächstes die Backpflaumen zu dem Fleisch geben. Nun können Sie bereits den restlichen Zucker hinzugeben. Harissa unterrühren. Lassen Sie alles für mindestens 10 Minuten schmoren. Rösten Sie die Mandeln in einer Pfanne ohne Öl an. Am besten lässt sich das Gericht mit Fladenbrot servieren.

Fleischbällchen aus der Tajine

Zubereitungszeit: 35 Minuten

Schwierigkeitsgrad: Einfach

Zutaten für die Hackbällchen:

etwas Pfeffer, etwas Salz, 150 g Rindfleisch, 1 Zwiebel, ein bisschen frischer Koriander, ein wenig Kreuzkümmel

Zutaten für die Soße:

ein wenig Salz, ein wenig weißer Pfeffer, 1 Knoblauchzehe, ½ Chilischote, 120 g Tomaten, ½ Zwiebel, 1 Ei, ein bisschen frische Minze,2 El Öl, ein bisschen Kreuzkümmel

Zubereitung:

1. Wenn Sie möchten, können Sie für dieses Rezept auch Tomaten aus der Dose benutzen. Sie beginnen zuerst damit die Zwiebeln zu schälen und danach mit einem scharfen Küchenmesser fein zu hacken. Nun das Rinderhack mit den Zwiebeln und den Gewürzen in eine Schüssel geben. Ein bisschen Koriander in die Schüssel geben und alles miteinander vermengen.
2. Aus dieser Masse, können Sie nun per Hand kleine Hackbällchen formen. Nun lassen Sie etwas Öl auf der Tajine verteilen und die Tajine heiß werden. Danach die Hackbällchen in der Tajine anbraten.
3. Die Zwiebeln in die Tajine geben und anschwitzen lassen. Gewürze verteilen. Direkt danach den Knoblauch auf der Tajine verteilen und ebenfalls anschwitzen lassen. Die Tomaten klein schneiden und danach ebenfalls in die Tajine geben. Chilischote fein hacken und verteilen. Die restlichen Gewürze hinzufügen und den Deckel darauf setzen. Für eine halbe Stunde bei niedriger Hitze schmoren lassen. Nun die Eier aufschlagen und zu dem Gericht geben.
4. Die Eier nicht miteinander verrühren, sondern einfach stocken lassen. Anschließend den Koriander hacken und verteilen. Dann servieren.

Kefta aus der Tajine

Zubereitungszeit: 40 Minuten

Schwierigkeitsgrad: Einfach

Zutaten für 1-2 Personen:

Pfeffer, Salz, 220 g Rindfleisch, ½ Tl weißer Pfeffer, 1 Zwiebel, ein halbes Bund Petersilie, 1 Tl Zimt, 1 El Butter, ½ El Olivenöl, eine halbe Chilischote, 2 Knoblauchzehen, 1 Tl Kurkuma, 2 Spalten Salzzitronen, ein bisschen frischer Zitronensaft, ein halbes Bund Koriandergrün, 1 cm Ingwer

Zubereitung:

1. Für dieses leckere Rezept beginnen Sie damit die Zwiebel fein zu hacken. Petersilie ebenfalls fein hacken. Das Fleisch in eine Schüssel geben und Zimt, Petersilie, Koriander und Kreuzkümmel unterrühren und miteinander verkneten. Die Zutaten zwischendurch immer wieder mit Salz und Pfeffer würzen. Achten Sie aber darauf das Gericht nicht zu übersalzen.

2. Nun mit der Hand die Fleischmasse zu Bällchen formen. Den Knoblauch fein hacken. Ingwer ebenfalls klein hacken. Die Kerne von der Chilischote entfernen und in kleine Stücke schneiden.

3. Die Butter gemeinsam mit dem Olivenöl in der Tajine verteilen. Beide Zutaten heiß werden lassen. Den Knoblauch darauf geben und anschwitzen lassen. Optional noch eine Zwiebel klein schneiden und ebenfalls in die Tajine hineingeben. Chili und Ingwer ebenfalls auf der Tajine verteilen.

4. Die Hälfte von dem Koriandergrün und ein bisschen Minze fein hacken.

150 ml Wasser in die Tajine gießen. Nun die Hälfte von dem Koriandergrün gemeinsam mit den Minzblätter in die Tajine hinein geben und schmoren lassen. Für 10 Minuten bei leichter Hitze köcheln.

5. Nach den 10 Minuten die Hackbällchen auf der Tajine verteilen und die Tajine mit dem Deckel verschließen. Die Zutaten für 15 Minuten dünsten lassen. Die Zutaten gelegentlich wenden. Ein bisschen Zitronensaft über den Zutaten verteilen.

6. Zum Schluss mit dem restlichen Koriandergrün bestreuen und mit ein paar Minzblättern servieren.

Fleischgericht mit roten Bohnen

Zubereitungszeit: 50 Minuten

Schwierigkeitsgrad: Einfach

Zutaten für 1-2 Personen:

etwas Salz, etwas Pfeffer, 3 El Öl, 120 g rote Bohnen, 100 g Karotten, 250 g Hammelfleisch, 1 Stange Lauch, 1 Knoblauchzehe, 2 Zwiebeln, eine halbe Packung passierte Tomaten, ein wenig Oregano, ein wenig Thymian, ein wenig Rosmarin

Zubereitung:

1. Für dieses Rezept müssen Sie die Bohnen vorbereiten. Diese müssen über Nacht in Wasser eingeweicht werden. Am nächsten Morgen, können Sie die Bohnen in einem Sieb abtropfen lassen. Das Hammelfleisch in gleich große Würfel schneiden. Die Karotten schälen und ebenfalls klein schneiden.

2. Den Lauch putzen und in gleich große Ringe verarbeiten. Den Knoblauch mit den Zwiebeln fein hacken. Nun ein bisschen Olivenöl in der Tajine warm werden lassen. In der Tajine die Zwiebeln und den Knoblauch anschwitzen lassen. Anschließend das Fleisch dazugeben und ebenfalls anschwitzen lassen.

3. Das Gemüse verarbeiten und im Anschluss über dem Fleisch verteilen. Die Zutaten zwischendurch immer wieder würzen. Die passierten Tomaten über dem Fleisch verteilen. Oregano und Thymian dazugeben.

4. Die Tajine mit dem Deckel verschließen und für mindestens 40 Minuten köcheln lassen. Im Anschluss nochmal bei Bedarf würzen.

Lammgericht aus der Tajine

Zubereitungszeit: 35 Minuten

Schwierigkeitsgrad: Einfach

Zutaten für 1-2 Personen:

ein bisschen Pfeffer, ein bisschen Salz, 200 g Lammfleisch, 150 g Zwiebeln, 1 Tl Piment, ein bisschen Kreuzkümmel, 1 Knoblauchzehe, ein halbes Bund Koriandergrün, 1-2 Zitronen, 120 ml Wasser, 1 El Öl

Zubereitung:

1. Dieses Rezept eignet sich nicht nur sehr gut für den Eigenverzehr, sondern auch perfekt für Partys oder große Feste. Die Zwiebel zuerst mit dem Wasser kochen. Den Rest von der Zwiebel in Ringe schneiden. Knoblauch fein hacken.

2. Im nächsten Schritt können Sie bereits das Lammfleisch in gleich große Stücke verarbeiten. Danach mit der Zitrone, dem Piment. Kreuzkümmel, Pfeffer, Salz und dem Knoblauch gut vermengen.

3. Ein bisschen Öl in der Tajine heiß werden lassen. Das Fleisch zusammen mit der Marinade dazugeben. Das Fleisch für ein paar Minuten anbraten. Nach ein paar Minuten das Fleisch aus der Tajine nehmen und zur Seite stellen. Nun die Zwiebelmischung in die Tajine hineingießen.

4. Zusammen mit den Zwiebelringen braten. Nach ein paar Minuten das Fleisch zu der Zwiebelmischung dazugeben. Den Rest von dem Zitronensaft hinzugeben. Die Zutaten für ca. 15 Minuten schmoren lassen. Am Ende noch mit etwas Koriandergrün bestreuen.

Würziges Hähnchen aus der Tajine mit Beilage

Zubereitungszeit: 40 Minuten

Schwierigkeitsgrad: Einfach

Zutaten für 1-2 Personen:

etwas Pfeffer, etwas Salz, Chilipulver, Paprikapulver, 200 g Hähnchenbrustfilet, ein bisschen Ingwer, 100 g Kartoffeln, ein bisschen Kreuzkümmel, Olivenöl zum Braten. 1 Knoblauchzehe, eine halbe Peperoni, 200 g Zwiebeln, ein bisschen Koriandergrün, ein bisschen Petersilien, ein wenig Safran

Zubereitung:

1. Beginnen Sie damit die Kartoffeln zu putzen und danach zu schälen. Die Kartoffeln danach in mundgerechte Stücke schneiden. Knoblauch fein hacken. Die Zwiebeln in der Hälfte würfeln. Danach die beiden Zwiebelhälften zu Ringen verarbeiten. Nun den Safran mit dem Salz, Pfeffer, Chilipulver, Paprikapulver, Piment, Ingwer und Kreuzkümmel vermengen, sodass eine Gewürzmischung entsteht. Das Hähnchenfleisch in diese Gewürzmischung geben und gut einziehen lassen.
2. Die Peperoni entkernen und in kleine Stücke schneiden. Nun das Olivenöl in der Tajine ausbreiten. Danach das gewürzte Fleisch mit der Peperoni und den Zwiebeln in die Tajine geben.
3. Für mindestens 10 Minuten zugedeckt schmoren lassen. Nach 10 Minuten die Kartoffeln gemeinsam mit den Zwiebelringen, Petersilie und Koriander in die Tajine geben und gut miteinander vermengen. Die Zutaten ebenfalls für 15 bis 20 Minuten schmoren lassen.
4. Zum Schluss noch etwas Petersilie fein hacken und über dem Gericht verteilen.

Hähnchen mit Oliven aus der Tajine

Zubereitungszeit: 35 Minuten

Schwierigkeitsgrad: Einfach

Zutaten für 1-2 Personen:

etwas Salz, etwas Pfeffer, 1 Zwiebel, eine halbe Knoblauchzehe, 200 g Hähnchen, ⅓ Bund Petersilie, ein bisschen Kurkuma, 1 El Olivenöl, 20 g Oliven, ein wenig Ingwerpulver, eine halbe Zitrone

Zubereitung:

1. Wenn Sie ein ganzes Hähnchen gekauft haben, müssen Sie zu Anfang die Keulen von dem Hähnchen trennen. Dann müssen Sie einmal in dem Gelenk einschneiden und können es weiterverarbeiten. Sie können sich aber auch für ein präpariertes Hähnchen aus dem Supermarkt entscheiden. Dadurch sparen Sie Zeit.

2. Im nächsten Schritt die Zwiebeln fein hacken. Knoblauchzehe fein hacken. Die Petersilie mit Hilfe von einem Faden zusammenbinden.

3. Nun das Öl auf der Tajine verteilen. Die Hähnchenteile auf der Tajine anbraten und immer wieder würzen. Danach die Zwiebeln und die Petersilien dazugeben. Knoblauch und Zwiebeln ebenfalls zu der Tajine geben und schmoren lassen. Das Hähnchen zwischendurch immer wieder wenden, sodass es von allen Seiten gut durchgebraten ist. Ein wenig frischen Zitronensaft hinzugeben und mit etwas Wasser ablöschen.

4. Nun den Deckel von der Tajine darauf geben und für einige Minuten schmoren lassen. Wenn das Hähnchen fertig gebraten ist, aus der Tajine entnehmen. Danach mit ein bisschen Butter bepinseln und für mehr Bräune für einige Minuten in den Backofen geben und schmoren lassen.

Die Petersilie aus der Tajine nehmen.

5. Die Soße in der Tajine solange schmoren lassen bis die Zwiebeln weich werden. Erst dann die Oliven zu der Soße dazugeben.

6. Vor dem Servieren das Hähnchen wieder in die Soße geben und zusammen mit ein paar Zitronenstreifen servieren. Zu diesem Rezept passt auch Fladenbrot sehr gut.

Leckeres Aromahähnchen aus der Tajine

Zubereitungszeit: 30 Minuten

Schwierigkeitsgrad: Einfach

Zutaten für 1-2 Personen:

etwas Salz, etwas Pfeffer, 1 Zwiebel, 150 g Möhren, 10 g Ingwer, ein halbes Hähnchenbrustfilet, eine halbe Knoblauchzehe, 50 ml Geflügelbrühe, eine halbe Stange Zimt, 1 El Olivenöl. ein kleines Stück von einer Zimtstange

Zubereitung:

1. Beginnen Sie damit die Möhren zu putzen und danach in Hälften zu schneiden. Im Anschluss in 2 cm dicke Streifen schneiden. Die Zwiebeln ebenfalls fein hacken. Ingwer und Knoblauch zu kleinen Würfeln verarbeiten.
2. Das Hähnchenfilet halbieren und danach mit dem Küchenmesser in gleich große Stücke verarbeiten.
3. Ein wenig Öl auf der Tajine ausbreiten. Die Zwiebeln in der Tajine goldbraun anbraten. Danach wieder herausnehmen. Das Hähnchenfilet in die Tajine legen und mit etwas Salz und Pfeffer bestreuen. Achten Sie aber darauf das Gericht nicht zu übersalzen. Zur Not können Sie am Ende immer noch nachsalzen.
4. Möhren zusammen mit dem Ingwer und dem Knoblauch zu den restlichen Zutaten in der Tajine geben. Die Zutaten für weitere 2 bis 3 Minuten braten lassen. Nach maximal 3 Minuten die Zwiebeln wieder zu den restlichen Zutaten in der Tajine geben.
5. Nun die Brühe in die Tajine hineingießen und die Zimtstange hinzufügen. Den Deckel wieder aufsetzen und für wenige Minuten stark aufkochen lassen. Danach die Temperatur wieder herunterschrauben und für ca. 20 Minuten schmoren lassen. Koriandergrün fein hacken und über das Gericht streuen.

Rindergulasch aus der Tajine

Zubereitungszeit: 1 ½ Stunden

Schwierigkeitsgrad: Mittel

Zutaten für 1-2 Personen:

etwas Pfeffer, etwas Salz, 1 Zwiebel, eine halbe Knoblauchzehe, 200 g Rindergulasch aus dem Supermarkt, 70 g Möhren, 70 g Pastinaken, 10 g Ingwer, 1 El Öl, eine halbe Dose mit stückigen Tomaten, 1 Zitrone, ein halbes Stiel Petersilie, ein wenig Kurkuma, ein bisschen Kreuzkümmel

Zubereitung:

1. Für dieses leckere Rezept, müssen Sie damit beginnen die Zwiebeln klein zu würfeln. Knoblauch ebenfalls fein hacken. Wenn Sie möchten, können Sie das Fleisch ebenfalls in kleinere Stücke verarbeiten. Ingwer fein hacken. Die Pastinaken und die Möhren putzen und danach schälen. Beide Zutaten in 2 cm große Stücke verarbeiten.
2. Ein bisschen Öl in der Tajine ausbreiten. Das Fleisch in der Tajine von beiden Seiten gut anbraten. Fleisch zwischendurch auch würzen. Für 10 Minuten braten und danach die Zwiebeln und den Knoblauch dazugeben. Die Pastinaken gemeinsam mit dem Ingwer und den Möhren ebenfalls zu den restlichen Zutaten in der Tajine dazugeben. Die Zitrone gründlich schälen.
3. Die Trennhäute von dem Fleisch mit einem scharfen Messer lösen. Tomaten zusammen mit dem Wasser in die Tajine hineingießen. Mit etwas Kreuzkümmel und Kurkuma würzen. Die Tajine zudecken und die Zutaten für 80 Minuten bei sehr schwacher Hitze schmoren lassen. Kontrollieren Sie dabei auch immer wieder den Wasserstand von Ihrer Tajine.
4. Nach 60 Minuten können Sie dann das Zitronenfilet zu den Zutaten in der Tajine dazugeben. Die Petersilie waschen und fein hacken. Die Tajine nochmal mit Pfeffer und Salz abschmecken. Am Ende mit etwas Petersilie bestreuen. Dazu Fladenbrot servieren.

Couscous mit Fleisch aus der Tajine

Zubereitungszeit: 30 Minuten

Schwierigkeitsgrad: Einfach

Zutaten für 1-2 Personen:

Weißer Pfeffer, Salz, eine halbe Zwiebel, eine halbe Knoblauchzehe, 200 g Lammschulter (Kann man in jedem türkischen oder arabischen Supermarkt erwerben), 1 El Olivenöl, ein paar Safranfäden, 100 g grüne Bohnen, 70 g Couscous, 50 g Vollmilch-Joghurt, 1 kleine Stück Minze, 100 g Tomaten, 100 g Möhren

Zubereitung:

1. Für dieses leckere Rezept, müssen Sie die Zwiebel erstmal in kleine Würfel schneiden. Das Fleisch putzen und im Anschluss ebenfalls zu kleineren Stücken verarbeiten. Danach bereits das Öl in der Tajine erhitzen lassen. Das Fleisch von beiden Seiten für 5 Minuten kräftig anbraten lassen.
2. Nach 2 Minuten die Zwiebeln zu der Tajine geben und mitschmoren lassen. Die halbe Knoblauchzehe durch eine Knoblauchpresse drücken. Knoblauch mit allen Gewürzen bis auf das Safran würzen. Zu den Zutaten in der Tajine geben und ca. 60 ml Wasser dazugießen. Die Zutaten bei geschlossenem Topf für ca. 40 Minuten schmoren lassen.
3. Die Bohnen gründlich putzen und wenn Bedarf besteht halbieren. Die Möhren schälen und ebenfalls in Streifen schneiden. Die Tomaten gründlich waschen und in Würfel schneiden. Nach 20 Minuten, können Sie schon damit beginnen das Gemüse über dem Fleisch zu schichten. Die Zutaten mit Salz und Pfeffer abschmecken.
4. Die Minze waschen und fein hacken. Den Joghurt mit der Minze vermengen. Den Couscous können Sie nach Packungsanleitung zubereiten. Couscous mit der Tajine auf einem Tisch anrichten.

Fleischgericht mit Süßkartoffeln

Zubereitungszeit: 50 Minuten

Schwierigkeitsgrad: Einfach

Zutaten für 1-2 Personen:

etwas Pfeffer, etwas Salz, 1 El Ghee, 1 mittelgroße Süßkartoffel, 10 g Ingwer, eine halbe Zwiebel, 400 g Rindfleisch, 200 g Erbsen, 1 Tomate, 1 Tl Ras el Hanout (Bekommt man in jedem arabischen Supermarkt),

Zubereitung:

1. Für dieses Rezept beginnen Sie damit die Zwiebel fein zu hacken. Olivenöl in der Tajine ausbreiten und erhitzen. Ingwer fein hacken und zusammen mit den Zwiebeln in der Tajine andünsten. Ras-El-Hanout unterrühren und ein wenig Wasser dazugeben.

2. Die Zutaten für ein paar Minuten aufkochen lassen und danach die Temperatur reduzieren und für 30 Minuten weiter köcheln lassen. Die Süßkartoffeln putzen und zu kleineren Würfeln verarbeiten. Süßkartoffeln zu den Zutaten in der Tajine geben.

3. Die Zutaten zwischendurch immer wieder mit Pfeffer und Salz abschmecken. Zutaten für 15 Minuten schmoren bis das Fleisch gar ist. Im nächsten Schritt die Tomaten und die Erbsen untermischen. Für 5 bis 10 Minuten weiterschmoren lassen. Würzen und mit Fladenbrot servieren.

Pute aus der Tajine

Zubereitungszeit: 50 Minuten

Schwierigkeitsgrad: Mittel

Zutaten für 1-2 Personen:

Weißer Pfeffer, Salz, ½ Paprikaschote, 170 g Putenbrustfilet, 1 Zwiebel, 1 Knoblauchzehe, 60 g Champignons, 100 ml Schlagsahne, 100 ml Fleischbrühe, ein halbes Ei, 1 Kartoffel, ein bisschen Kümmel, ein paar Chiliflocken

Zubereitung:

1. Beginnen Sie damit die Zwiebeln fein zu hacken und im Anschluss klein zu hacken. Die Paprikaschoten putzen und in gleich große Scheiben verarbeiten. Kartoffeln putzen und schälen. Die Kartoffeln ebenfalls zu kleineren Würfeln verarbeiten. Die Pute in mundgerechte Stücke schneiden und nach Belieben würzen.

2. Die Sahne gut mit der Fleischbrühe vermengen. Zwiebeln gemeinsam mit der Paprikaschote, Knoblauch und Champignons vermengen. Die Zutaten mit den Gewürzen abschmecken und zu der Tajine geben. Nun kommen darauf die Kartoffelstücke und das Fleisch.

3. Nun mit der Sahnemischung übergießen. Den Deckel darauf setzen und für 30 Minuten bei mittlerer Hitze schmoren lassen. Nach 30 Minuten, den Deckel abnehmen und das Ei darauf geben. Gericht für weitere 15 Minuten schmoren lassen.

Hähnchenkeulen auf orientalische Art

Zubereitungszeit: 35 Minuten

Schwierigkeitsgrad: Einfach

Zutaten für 1-2 Personen:

etwas Pfeffer, etwas Paprikapulver, Salz, eine halbe Aubergine, 100 g Kirschtomaten, 100 g Bulgur, 50 g Aprikosen, eine halbe Chilischote, 1 Stiel Minze, 1 Knoblauchzehe, 2 Hähnchenkeulen

Zubereitung:

1. Zuerst müssen Sie die halbe Aubergine gründlich waschen und danach in Streifen schneiden. Die Aubergine mit Salz und Pfeffer bestreuen. Die Tomaten und Aprikosen waschen und in kleine Würfel schneiden. Chili ebenfalls fein hacken.

2. Den Bulgur nun auf der Tajine verteilen. Gewürze nach Wahl darüber streuen. Die Aprikosen zusammen mit dem Chili unter den Bulgur unterrühren. Ein wenig Kreuzkümmel untermischen. Die Auberginen abtropfen lassen und zusammen mit den Tomaten zu dem Bulgur geben.

3. Den Ofen auf 200 Grad vorheizen. Minzen fein hacken. Knoblauch ebenfalls fein hacken. Die Zutaten mit dem Knoblauch und den restlichen Zutaten würzen. 400 ml Wasser mit Salz verrühren und über den Bulgur verteilen. Nun die Keulen darauf geben.

4. Den Deckel auf die Tajine darauf geben und alles für eine halbe Stunde schmoren lassen. Den Deckel wieder herausnehmen und für weitere 25 Minuten garen lassen.

Tajine auf tunesische Art

Zubereitungszeit: 20 Minuten

Schwierigkeitsgrad: Einfach

Zutaten für 1-2 Personen:

Salz, Pfeffer, 3 Kartoffeln, 1 Stück Putenbrust, 3 Eier, ein halbes Bund Petersilie, ein wenig Paprikapulver, ein wenig Kurkuma, 80 g Käse, eine halbe Zwiebel, etwas Öl zum Braten, ¼ Packung Backpulver

Zubereitung:
1. Wir empfehlen für dieses Gericht geriebenen Käse wie zum Beispiel Gouda zu verwenden. Alternativ können Sie aber auch auf andere Käsesorten zurückgreifen. Die Kartoffeln putzen und in Würfel schneiden. Putenfleisch ebenfalls putzen und in gleich große Stücke schneiden. Zwiebeln fein würfeln.

2. Eine Pfanne erhitzen und die Kartoffeln darin leicht frittieren. Etwas Öl im Topf erhitzen und die Zwiebeln darin andünsten. Nach wenigen Minuten das Fleisch hinzugeben und mit Pfeffer und Salz abschmecken. Das Fleisch von beiden Seiten anbraten. Kurkuma und Paprikapulver ebenfalls dazugeben.

3. Sobald das Putenfleisch durch ist, die Petersilie mit dazugeben. Wenn die Kartoffeln weich geworden sind, in einen Sieb geben und gut abtropfen lassen. Kartoffeln mit Salz würzen. Nun eine Auflaufform einfetten und die Zutaten hineingeben.

4. Backpulver zusammen mit den Eiern und dem geriebenen Käse dazugeben. Alle Zutaten gut miteinander vermischen. Die Zutaten bei 200 Grad Ober- und Unterhitze für mindestens 20 Minuten schmoren lassen.

5. Danach abkühlen lassen und in mundgerechte Stück schneiden.

Hähnchen mit Erbsen aus der Tajine

Zubereitungszeit: 55 Minuten

Schwierigkeitsgrad: Einfach

Zutaten für 1-2 Personen:

Pfeffer, Salz, etwas gemahlenen Safran, ein bisschen gemahlenen Ingwer, 200 g Hähnchen, 100 g tiefgefrorene Erbsen, eine halbe Zitrone, ein halbes Bund Petersilie, ein wenig Koriandergrün, 1 El Olivenöl, 1 Zwiebel, 1 Knoblauchzehe, ein wenig Koriander, ein bisschen Kardamom, Nelken

Zubereitung:

1. Beginnen Sie zuerst damit alle Gewürze miteinander zu vermischen. Das Hähnchen putzen und gut abtropfen lassen. Nun das Hähnchen mit der Gewürzmischung einreiben. Das Fleisch für 1 Stunde in den Kühlschrank stellen und ziehen lassen.

2. Knoblauch und Zwiebeln fein hacken. Öl in der Tajine ausbreiten und heiß werden lassen. Das Hähnchen darin anbraten lassen. Bei Bedarf ein wenig nachwürzen. Knoblauch und Zwiebeln darüber streuen und ebenfalls mitbraten lassen.

3. Danach die Brühe darüber gießen. Die Zutaten für 40 Minuten bei mittlerer Hitze schmoren lassen. 10 Minuten vor Ende der Garzeit die Erbsen zu dem Huhn geben und ebenfalls mitschmoren lassen. Koriander waschen und fein hacken.

4. Petersilie fein hacken und gemeinsam mit dem Koriander in die Tajine zum Garnieren geben. Das geschmorte Hähnchen servieren. Am besten passt zu diesem Rezept übrigens Reis.

Hackfleisch mit Eiern aus der Tajine

Zubereitungszeit: 25 Minuten

Schwierigkeitsgrad: Einfach

Zutaten für :

Pfeffer, Salz, 350 g Hackfleisch, 10 cm Ingwer, etwas Öl zum Braten, 3 Tomaten, 2 Zwiebel, ein bisschen Knoblauch, ein bisschen Harissa, 1 El Tomatenmark, ein wenig Petersilie, Paprikaschoten

Zubereitung:

1. Für dieses leckere Rezept beginnen Sie damit die Zwiebeln und den Knoblauch fein zu hacken. Ingwer ebenfalls klein würfeln. Danach das Hackfleisch mit dem Ingwer, Knoblauch, Zwiebeln, Pfeffer, Salz und den restlichen Zutaten gründlich vermengen. Im nächsten Schritt die Fleischmasse mit der Hand zu gleichgroße Kugeln formen.

2. Ein bisschen von den Zwiebeln übrig lassen, um sie in der Tajine glasig zu braten. Tomaten klein schneiden und in die Tajine geben. Etwas Tomatenmark unterrühren. Bei Bedarf noch mal mit Pfeffer und Salz nachwürzen. Für 3 Minuten brutzeln lassen. Danach mit etwas Wasser ablöschen. Zutaten mit etwas Harissa würzen.

3. Im nächsten Schritt die Fleischbällchen dazugeben und von allen Seiten gut anbraten. Die Zutaten für ca. 10 Minuten köcheln lassen. Danach die Eier vorsichtig in die Soße gleiten lassen. Nochmal solange kochen bis die Eier stocken.

4. Servieren. Zu diesem Rezept lässt sich Fladenbrot sehr gut servieren.

Fischgerichte aus der Tajine

Tintenfisch aus der Tajine

Zubereitungszeit: 35 Minuten

Schwierigkeitsgrad: Einfach

Zutaten für 1-2 Personen:

Weißer Pfeffer, Salz, 200 g Tintenfisch, 200 g Spinat, 1 Zwiebel, eine halbe Knoblauchzehe, 1 El Olivenöl, 2 El Petersilie, 2 Fleischtomaten, eine halbe getrocknete Chilischote, 1 Stück Bleichsellerie

Zubereitung:

1. Beginnen Sie damit den Tintenfisch in gleich große Ringe zu schneiden. Spinat waschen und gut abtropfen lassen. Spinat ebenfalls mit einem Küchenmesser zerkleinern. Knoblauchzehe fein hacken. Zwiebel fein würfeln.

2. Die Chilischote fein hacken. Die Haut der Tomaten entfernen und ebenfalls in kleine Stücke verarbeiten. Die Zwiebeln mit dem Knoblauch in der Tajine glasig braten. Chilischote und Petersilie ebenfalls in die Tajine geben und mitdünsten. Chilischote dazugeben und mitdünsten.

3. Nun den Spinat mit dem Tintenfisch in die Tajine geben. Tomaten hinzufügen und alles für ca. 30 Minuten bei geschlossenem Topf schmoren lassen.

Fisch mit Reis aus der Tajine

Zubereitungszeit: 35 Minuten

Schwierigkeitsgrad: Einfach

Zutaten für 1-2 Personen:

etwas Pfeffer, etwas Salz, 200 g Kartoffeln, eine halbe Tasse Wasser, 2 Zwiebeln, 2 Tomaten, eine halbe Dose Thunfisch, eine halbe Knoblauchzehe, eine halbe Tasse Wildreis, 50 ml Sahne, 50 g geriebenen Käse, ein bisschen Currypulver

Zubereitung:

1. Vor der eigentlichen Zubereitung, müssen Sie zuerst den Wildreis über Nacht in Wasser einweichen. Wir empfehlen hierbei eine Einweichzeit von mindestens 12 Stunden. Am nächsten Morgen das überschüssige Wasser wegschütteln.

2. Die Kartoffeln putzen und in mundgerechte Stücke schneiden. Tomaten ebenfalls in kleine Stücke schneiden. Die Zutaten gemeinsam mit dem Reis, dem Thunfisch und dem Knoblauch in der Tajine schichten. Zutaten mit Gewürzen bestreuen.

3. ¼ Tasse Wasser in die Tajine geben. Tajine aufsetzen und das Gericht bei mittlerer Hitze schmoren lassen. Die Sahne mit dem Käse und den Gewürzen vermengen. Kurz vor Ende der Garzeit über dem Gericht verteilen.

Fisch mit Erbsen aus der Tajine

Zubereitungszeit: 1 Stunde

Schwierigkeitsgrad: Mittel

Zutaten für 1-2 Personen:

1 Tl Harissa, Salz, Pfeffer 20 g Linsen nach Wahl, 1 El Öl, ½ El Tomatenmark, eine halbe Chilischote, eine halbe Knoblauchzehe, 120 g Fischfilet, eine halbe Limette, 1 Tl Kreuzkümmel, 2 El Öl, 100 g Kirschtomaten, 100 g Fenchel, 50 g Lauch, 100 ml Kokosmilch, 50 ml Hühnerbrühe

Zubereitung:

1. Vor der eigentlichen Zubereitung, müssen Sie den Backofen auf 180 Grad aufheizen. Die Linsen können Sie einfach Packungsanleitung zubereiten. Danach gut abspülen und mit etwas Pfeffer und Salz abschmecken. Sesamöl untermischen. Den Fisch in mundgerechte Stücke schneiden.

2. Knoblauch ebenfalls fein hacken. Chili entkernen und ebenfalls fein hacken. Die Limette mit heißem Wasser waschen und fein reiben. Im Anschluss den Saft der Limette auspressen und erstmal bei Seite stellen.

3. Knoblauch fein hacken und mit den Chilis, Limettenschalen Kreuzkümmel und Paprikapulver in einen Mixer geben. Etwas Salz dazugeben und alle Gewürze miteinander vermengen. Danach etwas Öl und Tomatenmark untermengen. Die Paste dann über den Fisch streichen.

4. Das Grün von dem Fenchelknollen abschneiden. Knollen erstmal zur Seite stellen. Den Lauch in gleich große Ringe schneiden. Die

Kirschtomaten ebenfalls fein hacken. Den Rest von dem Öl in der Tajine heiß werden lassen. Den Fenchel zusammen mit dem Lauch in der Tajine anbraten lassen. Salz und Pfeffer darüber streuen. Harisse untermischen.

5. Den Fisch zusammen mit den Tomaten zu dem Gemüse geben. Die Linsen dazugeben. Danach mit der Kokosmilch und der Gemüsebrühe ablöschen. Die Tajine auf die unterste Schiene des Backofens stellen und für 45 Minuten schmoren lassen. Das Fenchelgrün in der Zwischenzeit fein hacken und am Ende mit dem Gericht servieren.

Gambas aus der Tajine

Zubereitungszeit: 25 Minuten

Schwierigkeitsgrad: Mittel

Zutaten für 1-2 Personen:

Weißer Pfeffer, Salz 3 Gambas, 1 El Olivenöl, eine halbe Knoblauchzehen, 1-2 Fleischtomaten, eine halbe Handvoll Minzblättern

Zubereitung:

1. Den Backofen auf 200 Grad vorheizen. Beginnen Sie damit die Gambas mit kaltem Wasser abspülen. Den Kopf von den Gambas abtrennen und in passende Längen unterteilen. Die Tomaten mit warmen Wasser waschen und danach die Haut ablösen. Tomaten in gleich große Scheiben bzw. Stücke schneiden.

2. Knoblauch fein hacken und mit dem Olivenöl vermengen. Dieses Knoblauchöl auf der Tajine verteilen. Die Tomatenscheiben oder Tomatenstücke auf der Tajine verteilen und schmoren lassen. Tomaten mit Salz bestreuen. Als Nächstes die Hälfte von den Gambas darüber geben.

3. Mit Gewürzen nach Wahl abschmecken. Die Tajine in den Backofen geben und die Zutaten für 10 bis 15 Minuten schmoren lassen.

Veggie-Gerichte aus der Tajine

Kartoffeln mit Gemüse aus der Tajine

Zubereitungszeit: 50 Minuten

Schwierigkeitsgrad: Einfach

Zutaten für 1-2 Personen:

Kurkuma, Zimt, 100 ml Gemüsebrühe, 1 Möhre, 1 Paprikaschoten, 100 g Kartoffeln, 20 g Kichererbsen, ¼ kleines Glas mit Harissa, 2 El Olivenöl, 1 Zucchini, etwas Koriander, 1 Knoblauchzehe , eine halbe Tomate

Zubereitung:

1. Dieses Rezept eignet sich sehr gut, wenn Sie Lust auf etwas Deftiges haben, aber dennoch auf Fleisch verzichten möchten. Vor der Zubereitung müssen Sie die Kichererbsen über Nacht in Wasser einweichen. Lassen Sie die Kichererbsen am nächsten Morgen abtropfen und dann für mindestens eine halbe Stunde in Wasser köcheln. Wenn die Kichererbsen noch nicht fertig sind, bis zu maximal einer Stunde weiterkochen lassen. Wichtig ist, dass die Kichererbsen danach gar sind.

2. Schälen Sie die Kartoffeln und die Knoblauchzehe. Putzen Sie das Gemüse und schnippeln Sie es im Anschluss in kleine Stücke. Erhitzen Sie etwas Öl in einem Topf. Nun die Zwiebeln mit den Kartoffeln und der Knoblauchzehe dünsten und mit Gewürzen abschmecken.

3. Etwas von der Harissa dazugeben. Das Gemüse mit der Brühe zu der Tajine geben und wenden. Bei niedriger Hitze für 20 Minuten schmoren lassen. Die Kichererbsen abtropfen lassen. Nun die Zucchini zu der Tajine geben. Für 10 Minuten bei mittlerer Hitze köcheln lassen. Mit Pfeffer und Salz abschmecken.

Herzhaftes Kartoffelgericht mit Currysoße

Zubereitungszeit: 35 Minuten

Schwierigkeitsgrad: Mittel

Zutaten für die Tajine:

3 Kartoffeln, ¼ Packung Schafskäse, 1 kleine Tomate, 1 Knoblauchzehe, 1 Frühlingszwiebel, eine halbe Zwiebel, 2 frische Champignons, 1 Scheibe Emmentaler

Zutaten für die Soße:

Salz, Pfeffer, 50 ml Gemüsebrühe, ein halber Becher Sahne, etwas Currypulver, 1 Thymianzweig, eine halbe Knoblauchzehe, ein bisschen Weißwein, etwas Zitronensaft

Zubereitung:

1. Wer möchte kann natürlich auf den Weißwein bei diesem Rezept verzichten. Vor der eigentlichen Zubereitung sollte man seine Tajine wie gewohnt wässern. Gemüsebrühe in einen Topf geben und dann mit der Sahne ablöschen. Salz, Currypulver und Pfeffer zum Würzen nutzen. Etwas Chili untermischen. Die Blätter von dem Thymianzweig klein schneiden und zu der Gemüsebrühe geben. Mit etwas Weißwein ablöschen. Wer möchte, kann etwas Milch optional zu der Soße geben. Ein bisschen Zitronensaft unterrühren.

2. Während die Soße köchelt, können Sie sich um die Zubereitung von den restlichen Zutaten kümmern. Die Kartoffeln in kleine Stücke schneiden. Schafskäse ebenfalls klein schnippeln. Tomaten in Würfel schneiden. Zwiebel fein hacken und die Pilze in gleich große Stücke oder Scheiben schneiden. Nun können Sie die Tajine aus dem Wasser neben.

3. Die Tajine auf dem Herd setzen und Olivenöl bei starker Hitze aufheizen. Dann die Zwiebeln mit dem Knoblauch in die Tajine geben und andünsten. Frühlingszwiebeln ebenfalls dazugeben.

4. Dann die Kartoffeln mit dem Tomaten in die Tajine geben und vermengen. Nun die Pilze in der Tajine schichten. Auf den Zutaten kommt dann der Schafskäse. Am Ende noch mit der selbstgemachten Currysoße übergießen. Achten Sie darauf, dass die Soße die Zutaten gut überdeckt. Die Scheibe Emmentaler auf den Zutaten geben. Für 20 bis 25 Minuten schmoren lassen. Optional am Ende mit etwas Muskatnuss bestreuen.

Spinat aus der Tajine

Zubereitungszeit: 15 Minuten

Schwierigkeitsgrad: Einfach

Zutaten für 1 Person:

200 g Spinat, 3 Kartoffeln, 1 Knoblauchzehe, Muskatnuss, Pfeffer, Salz,1 Ei, etwas Wasser

Zubereitung:

1. Beginnen Sie damit die Knoblauchzehe zu zerdrücken. Die Kartoffeln in Stücke schneiden.

2. Spinat waschen und dann mit den Gewürzen und dem Knoblauch gut vermengen. Danach über den Kartoffeln geben. Nun das Wasser darübergeben.

3. Nun den Deckel aufsetzen und bei mittlerer Hitze garen. Nun das Ei aufschlagen und verquirlen. Am Ende zu dem Gemüse geben und mit dem Gemüse gemeinsam schmoren lassen.

Würziges Tofu mit Gemüse

Zubereitungszeit: 25 Minuten

Schwierigkeitsgrad: Einfach

Zutaten für 1 Person:

120 g Grünkern, Pfeffer, Salz, 120 g Tomaten, 120 g Möhren, 120 g Lauch, 120 g Tofu, 2 Knoblauchzehen, etwas Currypulver, etwas Chilipulver

Zubereitung:

1. Den Grünkern sollten Sie über Nacht in Wasser einweichen lassen.

2. Am nächsten Morgen die Tomaten putzen und in kleine Stücke würfeln. Schälen Sie die Möhren und schneiden Sie längs auf. Den Lauch in kleine Stücke schneiden.

3. Das überschüssige Wasser von dem Tofu mit einem Küchenpapier auffangen. Tofu würfeln. Die Knoblauchzehe fein hacken.

4. Beginnen Sie damit die verarbeitenden Zutaten in der Tajine zu schichten. Mit allen Gewürzen abschmecken. Den Deckel aufsetzen und für 20 Minuten bei mittlerer Hitze garen.

Gemüseauflauf aus der Tajine

Zubereitungszeit: 50 Minuten

Schwierigkeitsgrad: Mittel

Zutaten für 1-2 Personen:

800 g Möhren, Salz, Pfeffer, 200 g Kartoffeln, ½ Bund Lauchzwiebeln, 70 g Creme fraiche, 70 ml Schlagsahne, 100 g Grünkernschrot, 20 g Parmesan, 1 Knoblauchzehe

Zubereitung:

1. Zu Beginn von diesem Rezept kümmern wir uns um die Zubereitung von der Grünkernkruste. Hierfür den Parmesan fein reiben und mit der Creme fraiche und der Sahne verrühren. Die Knoblauchzehe zerdrücken und zu der Mischung geben und verrühren. Mit Pfeffer und Salz abschmecken. Die Zutaten für eine halbe Stunde quellen lassen.

2. Die Kartoffeln und Möhren putzen. Danach beide Zutaten in dünne Scheiben schneiden. Die Möhren und Kartoffeln gemeinsam mit den Lauchzwiebeln in der Tajine schichten.

3. Beim Schichten immer wieder mit der Würzmischung bestreuen. Nun die Soße über die Zutaten gießen. Die Gürnkernmasse darüber geben. Etwas Wasser hineinfüllen und bei mittlerer Hitze schmoren lassen.

Leckeres Brokkoli aus der Tajine

Zubereitungszeit: 35 Minuten

Schwierigkeitsgrad: Einfach

Zutaten für 1 Person :

Salz, Pfeffer, 2 Tomaten, 100 g Kichererbsen, eine halbe Zwiebel, 1 Stange Lauch, eine halbes Stück Brokkoli, etwas Schafskäse oder einen anderen Käse nach Wahl, ½ Bund Petersilie

Zubereitung:

1. Vor der eigentlichen Zubereitung die Kichererbsen wieder in Wasser einweichen. Am nächsten Morgen den Brokkoli gründlich waschen und in Röschen unterteilen. Die Tomaten in gleich große Scheiben schneiden.

2. Die Zwiebel in Ringe trimmen. Legen Sie etwas von dem Lauch und den Tomatenscheiben zur Seite. Diese Zutaten werden noch zu einem anderen Zeitpunkt gebraucht werden. Den restlichen Lauch und die Tomatenscheiben mit dem Brokkoli zusammen in die Tajine geben.

3. Nun die Kichererbsen darüber verteilen. Gewürze über die Zutaten streuen. Nun die Zwiebelringe darüber geben. Den Rest von den Tomaten und den Lauch über den Zutaten verteilen. Mit etwas Salz und Pfeffer würzen. Die Gemüsebrühe zu der Tajine geben und bei mittlerer Hitze schmoren lassen. Zwischendurch immer wieder schauen bis die Zutaten fertig gegart sind.

4. Kurz vor der Garzeit etwas Schafskäse darüber streuen. Optional noch mit Gewürzen nach Wahl bestreuen.

Gemüse aus der Tajine mit Joghurtdip

Zubereitungszeit: 70 Minuten

Schwierigkeitsgrad: Einfach

Zutaten für die Tajine:

Pfeffer, Salz, 1 Knoblauchzehe, 50 g Zwiebeln, 300 g Fenchelknolle, 140 g Möhren, 1 El Ras el Hanout, 1 Tl Piment, etwas Currypulver, eine halbe Zitrone, 50 g Cashewkerne, 200 g Kichererbsen aus der Dose, 1 rote Paprikaschote, 1 Lorbeerblatt

Zutaten für den Joghurtdip:

2 El Olivenöl, Pfeffer, Salz, 1 kleine Salatgurke

Zubereitung:

1. Dieses Rezept eignet sich übrigens auch sehr gut als Partyrezept. Sie können für dieses Rezept auch normale Kichererbsen benutzen. Achten Sie aber darauf, dass Sie diese über Nacht einweichen und am nächsten Morgen kochen. Mit Kichererbsen aus der Dose, können Sie die allgemeine Zubereitungszeit verringern. Zuerst beginnen Sie damit die Zwiebeln zu schälen und dann fein zu hacken. Den Knoblauch ebenfalls fein hacken.

2. Reinigen Sie die Fenchelknollen gründlich und achteln Sie sie. Schälen Sie die Möhren und schneiden Sie sie in gleich große Längen. Nun können Sie etwas Öl in die Tajine geben und heiß werden lassen. Danach direkt die Zwiebeln und den Knoblauch in die Tajine geben und andünsten lassen. Nun die Fenchelstücke und Paprikastücke in die Tajine geben und würzen. Cashewkerne ebenfalls in die Tajine geben und mit allen Zutaten vermengen.

3. Nun das Lorbeerblatt in die Tajine geben und ebenfalls anschmoren lassen. Nach ein paar Minuten die Kichererbsen untermengen. Den Deckel auf die Tajine geben und im Backofen für 1 Stunde schmoren lassen.

4. In dieser Zeit können Sie sich bereits um die Zubereitung von Ihrem Joghurt-Dip kümmern. Hierfür die Salatgurke waschen und klein schnippeln und mit den restlichen Zutaten für den Dip vermengen. Bei Bedarf nochmal nachwürzen.

5. Am Ende mit dem Dip servieren. Zu diesem Gericht eignet sich Fladenbrot übrigens besonders gut.

Runzelkartoffeln

Zubereitungszeit: 15 Minuten

Schwierigkeitsgrad: Einfach

Zutaten für 1 Person:

Salz, Pfeffer, 5 bis 7 kleine Kartoffeln

Zubereitung:

1. Zuerst die gesamten Kartoffeln gründlich reinigen. Die Tajine vor der eigentlichen Zubereitung für 10 Minuten wässern. Geben Sie die Kartoffeln im Anschluss so in die Tajine, sodass der Boden bedeckt ist. Nun können Sie Ihren Pfeffer und Ihren Salz über die Kartoffel verteilen.

2. Nun bei kleiner Hitze solange köcheln bis das Salzwasser verdampft ist. Im Anschluss können Sie Ihre Kartoffeln direkt genießen.

Tajine auf mexikanische Art

Zubereitungszeit: 25 Minuten

Schwierigkeitsgrad: Mittel

Zutaten für 1 Person:

250 g Kartoffeln, Pfeffer, Salz, 1 grüne Paprikaschote, 1-2 Eier, 1 Tl Petersilie, 1 Fleischtomate, 100 g Mais, 1 Zwiebel, etwas Chili

Zubereitung:

1. Lust auf etwas anderes? Dann ist diese Tajine auf mexikanische Art genau das richtige für Sie! Beginnen Sie die Zwiebeln und die Fleischtomate klein zu schneiden. Die Kartoffeln putzen und danach würfeln.

2. Die grüne Paprika in Streifen schneiden. Die Zutaten mit allen Gewürzen vermischen und dann in die Tajine geben. Den Mais darüber schichten. Fügen Sie nun eine halbe Tasse Wasser hinzu. Den Deckel aufsetzen und den Herd anheizen.

3. Nun bei mittlerer Hitze garen bis das Wasser verdunstet ist. Die Eier mit den Gewürzen und der Petersilie vermengen. Die Zutaten kurz vor Ende der Garzeit darüber geben und miteinander vermengen. Für ein paar Minuten mitschmoren und danach servieren.

Chakchouka

Zubereitungszeit: 25 Minuten

Schwierigkeitsgrad: Mittel

Zutaten für 1 Person:

Salz, Pfeffer, 1-2 Paprikaschoten, etwas Chilipulver, 2 Knoblauchzehen, 1-2 Zucchinis, 1 Fleischtomate, 1 cm Chilischote, etwas Zitronensaft, ein bisschen Petersilie, 1 Zwiebel

Zubereitung:

1. Dieses Rezept ist nicht nur in Marokko besonders beliebt, sondern auch in anderen Teilen des nahen Ostens wie zum Beispiel Israel, wo es sehr gerne auch zum Frühstück gegessen wird. Vor der eigentlichen Zubereitung, müssen Sie den Backofen auf 180 Grad vorheizen.

2. Die Paprikaschoten müssen Sie im Backofen solange schmoren lassen bis die Haut blass wird. Dies kann ein paar Minuten in Anspruch nehmen, aber lohnt sich später für das Aroma des Rezepts. Wenden Sie die Paprikas, nehmen Sie sie später heraus und häuten Sie das Gemüse im Anschluss.

3. Die Tomate ebenfalls häuten und entkernen. Die Zwiebel fein hacken. Das gesamte Gemüse putzen und in kleine Würfel schneiden. Die Chilischote mit dem Knoblauch ebenfalls fein hacken. Danach mit dem restlichen Gemüse vermengen.

4. Die Zutaten mit Olivenöl schmoren lassen. Etwas Gewürze darüber streuen. Mit ein bisschen Zitronensaft und Petersilie abschmecken und servieren.

Nachspeisen aus der Tajine

Apfelreis aus der Tajine

Zubereitungszeit: 40 Minuten

Schwierigkeitsgrad: Einfach

Zutaten für 1 Person:

Zimt, 250 g Äpfel, 100 g Rundkornreis, ½ El Butter, etwas Honig, ½ Tl Wasser, ein paar unbehandelte Zitronenschalen, etwas Meersalz

Zubereitung:

1. Beginnen Sie damit das Wasser zu erhitzen. Dies nimmt ein paar Minuten in Anspruch.

2. Nun die Äpfel putzen und schälen. Die Äpfel in Scheiben schneiden. Die Äpfel mit dem Wasser und den Reis in die Tajine geben. Butter und Honig in die Tajine hinzufügen. Zutaten mit Zimt bestreuen. Eine kleine Prise Meersalz hinzufügen.

3. Die Zutaten kurz aufkochen lassen und dann für 35 Minuten bei mittlerer Hitze schmoren lassen. Zum Schluss noch etwas Zimt darüber streuen.

Obstsalat aus der Tajine (warm)

Zubereitungszeit: 10 Minuten

Schwierigkeitsgrad: Einfach

Zutaten für 1 Person:

200 g Obst nach Wahl, Wasser, etwas Sahne

Zubereitung:

1. Beginnen Sie damit Ihr Obst gründlich zu waschen.

2. Dann das Obst mit Wasser in der Tajine dünsten.

3. Zum Schluss das warme Obst mit etwas Sahne servieren.

Pudding aus der Tajine

Zubereitungszeit: 15 Minuten

Schwierigkeitsgrad: Einfach

Zutaten für 1 Person:

1 Apfel, 4 El Maronenmehl, 1 El Malzkaffee, 200 ml süße Sahne, etwas Wasser, Süßmittel bei Bedarf, Vanille, Zimt

Zubereitung:

1. Sie beginnen damit die Äpfel zu reinigen und danach zu schälen. Die Äpfel im Nachhinein in kleine Stücke schneiden. Das Öl mit dem Wasser in die Tajine geben. Danach Süßmittel nach Bedarf einrühren.

2. Nun die Apfelstücke in die Tajine geben und für ein paar Minuten köcheln lassen. Das Maronenmehl und das Malzkaffeepulver in der Tajine miteinander vermengen.

3. Solange schmoren lassen bis die Masse dick aufquillt. Etwas Zimt dazugeben und alle Zutaten miteinander vermengen. Danach etwas Wasser und im später auch Sahne in die Tajine hineingießen.

4. Mit Sahne servieren.

Maronen aus der Tajine (Perfekt für Weihnachten)

Zubereitungszeit: 20 Minuten

Schwierigkeitsgrad: Einfach

Zutaten für 1 Person:

200 g Maronen, etwas Süßmittel, etwas Öl, etwas Muskat, ein bisschen Zitronensaft, ein bisschen Zimt, ein bisschen Vanille

Zubereitung:

1. Sie müssen die Maronen kochen und schälen, bevor Sie mit der restlichen Zubereitung fortfahren können. Alternativ können Sie auch vorgekochte Maronen verwenden. Danach geben Sie am Anfang etwas Öl in die Tajine. Alternativ können Sie auch Butter in der Tajine zergehen lassen.

2. Nun die gekochten Maronen in die Tajine setzen. Die Gewürze mit dem Süßmittel über den Maronen verteilen. Creme darübergießen.

3. Solange schmoren lassen bis die Creme einzieht. Am Ende noch mit Vanille und Zitronensaft servieren.

Haftungsausschluss

Die Umsetzung aller enthaltenen Informationen, Anleitungen und Strategien dieses Buches erfolgt auf eigenes Risiko. Für etwaige Schäden jeglicher Art kann der Autor aus keinem Rechtsgrund eine Haftung übernehmen. Für Schäden materieller oder ideeller Art, die durch die Nutzung oder Nichtnutzung der Informationen bzw. durch die Nutzung fehlerhafter und/oder unvollständiger Informationen verursacht wurden, sind Haftungsansprüche gegen den Autor grundsätzlich ausgeschlossen. Ausgeschlossen sind daher auch jegliche Rechts- und Schadenersatzansprüche. Dieses Werk wurde mit größter Sorgfalt nach bestem Wissen und Gewissen erarbeitet und niedergeschrieben. Für die Aktualität, Vollständigkeit und Qualität der Informationen übernimmt der Autor jedoch keinerlei Gewähr. Auch können Druckfehler und Falschinformationen nicht vollständig ausgeschlossen werden. Für fehlerhafte Angaben vom Autor kann keine juristische Verantwortung sowie Haftung in irgendeiner Form übernommen werden.

Urheberrecht

1. Auflage

Kontakt: JT-Handels-UG/ Berumer Str. 44/ 26844 Jemgum